Cabane imaginaire.

(Théâtre pour Jeunes Enfants).

Claude Cognard.

REMERCIEMENTS.

Aux élèves de l'école Gérard Philipe de Grasse
sous la direction de
monsieur Dimi de Delphes et aux professeurs qui
ont collaboré.
merci à Dimi de Delphes merci aux parents qui

nous ont fait l'honneur de leurs présences.

ISBN: ISBN-13: 978-1497562776 - ISBN-10: 1497562775
Autorisation de jouer via la SACD. AUTEUR 202442/43

http://www.sacd.fr/Demande-d-
autorisation.121+M512de7fcb03.0.html?&L=1

Texte 6 filles 1 garçon. Personnages interchangeables.

Dans un jardin.

> **Six filles** : Blanche, Léna, Émie, Rose, Héloïse, Constance, et **un** garçon Franck.

SCÈNE.

FRANCK. Et si on construisait une cabane ?

LENA. Ici ?

FRANCK. Oui !

EMIE. (Sceptique). Une cabane avec des Branches d'arbre ?

FRANCK. Ben oui ! Pas une de ces maisons en plastique que les parents achètent.

Claude Cognard.

HELOISE. Une cabane que l'on fabriquerait nous, dehors !

LENA. (Exaltée). Oh oui ! On la décorerait avec des fleurs.

CONSTANCE. (Enthousiaste). On pourrait y dormir la nuit.

ÉMIE. Ça m'étonnerait que nos parents acceptent !

ROSE. (Rêveuse). Tu crois que les oiseaux viendront nous rejoindre dans cette cabane ?

HELOISE. Oui, s'ils ne voient pas nos parents, les oiseaux joueront avec nous.

LENA. J'aimerais jouer avec les oiseaux.

CONSTANCE. Ça m'étonnerait que tu puisses. (Elle rit). Ils auraient peur

Cabane Imaginaire.

de nous, c'est sûr.

HELOISE. Les oiseaux n'ont pas peur des enfants.

ROSE. (Rire). Oh, si !

CONSTANCE. On pourrait trouver des oiseaux qui n'aient pas peur ?

LENA. Moi, mon arrière-grand-mère a un canari, qui vient me picorer le doigt quand je les mets entre les barreaux de sa cage.

CONSTANCE. C'est sa façon de t'embrasser.

ROSE. C'est gentil un canari.

CONSTANCE. Oui, mais ça ne vit pas en liberté.

FRANCK. Tu crois que Papy et Mamy accepteraient que nous construisions cette cabane ?

BLANCHE. On inviterait le père Noël à nous rejoindre dans notre cabane !

(Tout le monde rit).

LENA. Oui, le problème, c'est que le père Noël ne se déplace qu'en décembre.

ROSE. Il fait froid en décembre.

LENA. C'est l'hiver.

HELOISE. Pas question d'aller dans la cabane en hiver.

LENA. Nos parents ne voudront jamais.

ROSE. Ils auront peur que l'on attrape froid.

EMIE. On faudra installer le chauffage dans la cabane.

Cabane Imaginaire.

FRANCK. On ferait un grand feu par terre au milieu de la cabane.

ÉMIE.   Un grand feu ? Ça ne va pas bien, on ferait brûler la cabane.

CONSTANCE. Alors, ce ne serait pas possible d'inviter le Père Noël !

HELOISE. Léna a raison, le père Noël ne vient qu'en décembre.

BLANCHE. Pour nous il ferait peut-être, une exception, le Père Noël.

CONSTANCE. Il ferait une exception.

ÉMIE.   Pourquoi une exception ?

HELOISE. Oui, pourquoi une exception ?

ÉMIE. Et pourquoi pas ?

CONSTANCE. Personne ne lui a demandé de passer chez les enfants,

Claude Cognard.

en été.

BLANCHE. On va lui demander.

CONSTANCE. Ah oui ! Ce soir, on lui écrira.

FRANCK. Moi, je propose que l'on s'organise pour construire la cabane.

CONSTANCE. Oui, mais ce qui serait bien, ce serait d'avoir l'autorisation de mamy.

FRANCK. Ou des parents !

CONSTANCE. On doit toujours demander l'autorisation pour ce genre de construction.

HELOISE. Un permis de construction en quelque sorte !

BLANCHE. Et quand on l'aura, on ira chercher des branches dans la forêt.

Cabane Imaginaire.

ÉMIE. Ça me fait penser aux trois petits cochons !

CONSTANCE. On est des enfants !

BLANCHE. Tu ne crois tout de même pas qu'un loup pourrait venir souffler sur notre maison.

FRANCK. On n'est jamais assez prudent !

HELOISE. On devrait peut-être la faire en dur la cabane.

FRANCK. Ce ne serait plus une cabane !

ÉMIE. Il a raison, une cabane en dur, c'est une maison. Pas une cabane !

BLANCHE. Moi, je m'en moque ! J'irai chercher le bois dans la forêt !

CONSTANCE. On ira ensemble !

Claude Cognard.

HELOISE. C'est plus sûr, à plusieurs !

CONSTANCE. Elle est grande cette forêt.

EMIE. Il ne faudra pas s'y perdre, hein ?

FRANCK. Moi, je la connais bien la forêt !

EMIE. Tu dis ça, mais tu serais bien capable de nous perdre dans la forêt.

FRANCK. Non !

LENA. Moi, cette forêt, je ne la connais pas vraiment.

ROSE. Je la connais un peu, mais à condition de ne pas aller très loin sous les arbres.

CONSTANCE. J'aime courir dans

les taillis.

ÉMIE. Si l'on se perdait, on pourrait monter dans les arbres.

FRANCK. Et quand on serait en haut, on verrait le chemin du retour.

CONSTANCE. Et si, on faisait comme le Petit Poucet.

ÉMIE. Ah oui, on sèmerait des cailloux blancs.

ROSE. Il faudrait des gros cailloux blancs, pour être sûrs de ne pas se perdre.

LENA. Il faut éviter les miettes de pain.

ROSE. À cause des oiseaux.

FRANCK. Moi, je me méfie des oiseaux.

Claude Cognard.

ROSE. J'ai une idée.

EMIE. Dis toujours !

ROSE. On pourrait tendre un fil.

LENA. Solide le fil, alors.

EMIE. Oui, très solide... qui ne puisse pas être coupé.

LENA. En métal ?

CONSTANCE. Non ! Impossible.

BLANCHE. Un fil robuste, on l'attacherait à la maison de mamy.

HELOISE. Un fil très solide que l'on déroulerait en avançant entre les arbres.

CONSTANCE. J'ai lu une histoire où ... eh bien, pour sortir... d'un ...

Cabane Imaginaire.

HELOISE. D'un labyrinthe !

ROSE. Je la connais... ton histoire !

HELOISE. Quelle histoire ?

ROSE. Je ne me souviens PAS du titre... Mais c'est vrai le héros avait pris un fil pour sortir d'un labyrinthe.

CONSTANCE. C'est Ariane qui lui a donné le fil pour sortir...

ÉMIE. Ariane, c'est une fusée.

ROSE. Non, c'est une princesse.

HELOISE. Elles ont raison... Ariane, c'est une princesse.

ÉMIE. Et une fusée !

ROSE. Elle avait un amoureux.

LES FILLES ENSEMBLE : Oooooh !

Claude Cognard.

HELOISE. Oui, Rose, tu as raison !
Ariane, c'était une princesse.

LENA. Dans ton histoire, il y avait un
Minotaure ?

EMIE. Un Minotaure ?

CONSTANCE. Oui, un Minotaure.

FRANCK. Moi, je n'ai pas peur d'un
Minotaure.

BLANCHE. C'est quoi un Minotaure ?

HELOISE. On demandera à papy.

LENA. Tu crois qu'il y a des
Minotaures dans la forêt ?

BLANCHE. Non !

ÉMIE. Oh non ! Pas de Minotaures !

ROSE. Il y a des loups dans la forêt.

Cabane Imaginaire.

ÉMIE. Des ours...

BLANCHE. J'ai peur !

LENA. On pourrait se déguiser en Minotaure.

CONSTANCE. Oh oui !

ROSE. Et on ferait peur aux loups !

HELOISE. Oh oui, on ferait peur aux loups.

ROSE. Tu crois que Maman accepterait que nous nous inventions un costume de Minotaure ?

LENA. C'est difficile pour des enfants, de faire un costume de Minotaure.

FRANCK. J'ai une idée. (Il se lève). Je reviens.

LENA. Où vas-tu ?

Claude Cognard.

ROSE. Ne va pas dans la forêt.

FRANCK. Je vais demander à papy,
ce que c'est un Minotaure.

(Il sort en chantant :
http://www.deezer.com/track/291270)

SCÈNE.

FRANCK. (Qui revient). Un Minotaure, c'est animal à corps d'homme et tête de taureau.

HELOISE. Un corps d'homme ?

FRANCK. Et une tête de taureau !

HELOISE. C'est horrible.

ROSE. Beurk !

HELOISE. Je n'en ai jamais vu !

FRANCK. Le Minotaure n'existe que dans le pays imaginaire.

LENA. Que dans la mythologie.

BLANCHE. C'est quoi la mythologie ?

CONSTANCE. Dans mythologie, il y a le mot mythe.

ROSE. Maman n'aime pas les papillons mites.

LENA. Non, la mythologie, c'est comme un pays avec beaucoup d'histoires.

FRANCK. C'est un pays imaginaire.

BLANCHE. J'aimerais visiter la mythologie pendant mes vacances.

FRANCK. Impossible !

CONSTANCE. Le pays imaginaire, c'est le pays des images ?

LENA. C'est un pays qui n'existe que dans notre imagination.

HELOISE. Dans notre tête ?

LENA. Je crois.

Cabane Imaginaire.

ROSE. Comment fait-on pour y entrer ?

FRANCK. On ferme les yeux et on regarde.

ROSE. On regarde quoi ?

LENA. On regarde dans son cœur.

ROSE. Et on voit son cœur ?

BLANCHE. Moi, lorsque je ferme les yeux, je ne vois rien.

CONSTANCE. Blanche ! Ferme encore les yeux.

BLANCHE. (Elle ferme les yeux). Oui.

CONSTANCE. Imagine que tu ailles faire des achats pour Noël et que tu rencontres le Père Noël.

BLANCHE. J'essaie.

ROSE. Tu vois le père Noël ?

BLANCHE. Oui.

ÉMIE. Sa barbe ? Est-ce qu'elle est blanche ?

BLANCHE. Elle est blanche ! Mon père Noël porte une capuche rouge... il a une hotte avec beaucoup de jouets. Beaucoup ! Beaucoup de jouets !

FRANCK. Alors, c'est bon, tu es rentrée dans le Pays imaginaire.

BLANCHE. J'aime y aller dans le pays imaginaire...

HELOISE. On peut tout faire dans le pays imaginaire ?

ROSE. Tout !

Cabane Imaginaire.

ÉMIE. On pourrait faire une cabane dans le pays imaginaire.

LENA. Ah oui !

BLANCHE. On aurait chacun notre cabane.

CONSTANCE. Ah oui !

HELOISE. On pourrait s'inviter les uns chez les autres.

FRANCK. Pour prendre le pastis, comme les adultes.

LENA. Ah non !

BLANCHE. Ça ne va pas ! Il y a de l'alcool ! Et l'alcool pas question d'en boire.

HELOISE. Jamais !

ÉMIE. Jamais !

ROSE. On pourrait s'inviter à déjeuner.

ÉMIE. On pourrait transporter, notre cabane, au bord de la mer.

FRANCK. Faire l'amour dans notre cabane.

ROSE. Beurk ! Arrête !

HELOISE. C'est toujours pareil avec les garçons ! Ils n'ont que ça en tête !

LENA. Est-ce qu'il y a des gens qui vivent tout le temps dans le pays imaginaire ?

HELOISE. Sûrement !

BLANCHE. Quelle chance !

LENA. Tu crois qu'ils ont de la chance ?

ÉMIE. S'ils ne peuvent plus sortir,

alors ?

LENA. C'est comme s'ils étaient en prison, non ?

FRANCK. Pour moi, on peut toujours sortir du pays imaginaire.

LENA. Il existe un livre qui s'appelle Alice, aux pays des Merveilles.

BLANCHE. Tu crois que les Merveilles d'Alice sont dans un pays imaginaire ?

ÉMIE. Et si l'on fermait tous les yeux et que l'on s'imagine dans le pays d'Alice.

FRANCK. Elle a une cabane ?

HELOISE. (Rêveuse). Une cabane dans le pays d'Alice ?

LENA. Un Minotaure ?

BLANCHE. Je ne sais pas.

CONSTANCE. Et si l'on demandait à mamy de nous lire l'histoire d'Alice.

BLANCHE. Oh ! Oui, on irait visiter le pays imaginaire.

FRANCK. En fait, le pays imaginaire, c'est le seul pays, qui n'a aucune frontière.

HELOISE. Où tous les papas travaillent.

BLANCHE. Il n'y a pas de chômages !

ROSE. Oui, c'est le pays où les enfants peuvent faire tout ce qu'ils veulent, sans danger.

ÉMIE. Où les animaux parlent !

HELOISE. Le pays où le Minotaure est un animal gentil.

Cabane Imaginaire.

CONSTANCE. Où les enfants ne se perdent pas dans les forêts?

LENA. Je crois que je connais les portes du pays imaginaire.

FRANCK. Vrai ?

ÉMIE. Ah oui ! Tu nous les montres ?

LENA. Vous la connaissez aussi bien que moi.

BLANCHE. Moi je sais !

CONSTANCE. Le pays imaginaire, nous y entrons grâce à la lecture.

LENA. À la radio, à la télévision...

BLANCHE. Aux spectacles que nous allons voir...

CONSTANCE. Lorsque nous allons

au théâtre.

BLANCHE. Et si on jouait une pièce de théâtre ?

LENA. Oh oui, on serait directement dans le monde imaginaire.

BLANCHE. Alors, moi j'aimerais que l'on joue Blanche neige...

HELOISE. Alors, c'est moi qui serais Blanche-neige.

BLANCHE. C'est moi, puisque je m'appelle Blanche.

LENA. Non moi !

FRANCK. Et moi, je serai le prince.

HELOISE. Une fille peut se déguiser en prince, puisque nous sommes dans le pays imaginaire.

FRANCK. C'est moi le prince et

personne d'autre.

BLANCHE. Pas question de me laisser embrasser par Franck.

HELOISE. Eh bien, tu ne te réveilleras jamais.

BLANCHE. Si, parce que moi, je sais qu'un jour, mon Prince Viendra et qu'il m'embrassera.

CONSTANCE. Alors, on n'a qu'à jouer la belle ou bois dormant !

ÉMIE. On peut tout jouer...

HELOISE. Moi, j'aimerais être le chat botté !

ROSE. On inviterait nos parents pour qu'ils nous applaudissent.

HELOISE. Ils seront fiers. Très fiers !

CONSTANCE. Oui, mais eux, ils ne

seront pas dans le monde imaginaire.

ÉMIE. Non, on ne leur dira pas qu'ils sont dans notre cabane.

BLANCHE. Les adultes ! Il y a longtemps qu'ils ont oublié les fées, les princes et les princesses.

FRANCK. Nous rêvons !

LENA. C'était bien ! Qu'est-ce qu'on se raconte maintenant comme histoire ?

HELOISE. Continuons notre histoire de cabane, moi j'aimais bien.

ROSE. Oh oui ! Imaginons que le loup soit devenu notre ami et que...

LES AUTRES ! Et que ?

ROSE. Le monde soit celui des Enfants !

Cabane Imaginaire.

LENA. Tous les parents feraient ce que les enfants demandent.

CONSTANCE. Ils iraient à l'école.

HELOISE. Ils obéiraient aux enfants !

ROSE. Notre monde serait un monde sans guerre.

ÉMIE. Avec du travail pour tous les papas et toutes les mamans.

ROSE. Et il n'y aurait aucun enfant dans la rue.

ÉMIE. Aucun enfant qui aurait faim.

CONSTANCE. Ou froid.

BLANCHE. Le père Noël viendrait tous les jours à la maison.

ÉMIE. Le vrai Père Noël, avec des vrais cadeaux...

HELOISE. On jouerait à faire nos devoirs.

ROSE. Oui ! Nos devoirs seraient des jeux.

FRANCK. C'est beau le monde imaginaire.

HELOISE. Maman, elle dit toujours, que si l'on croit trè fort à quelque chose, eh bien il se réalise !

ÉMIE. Il suffit d'y croire.

CONSTANCE. Moi, j'y crois...

FRANCK. Moi aussi !

HELOISE. Ah oui, moi aussi !

ROSE. Eh bien moi, j'y crois encore plus que vous !

ÉMIE. Et moi, encore plus que toi, Rose.

Cabane Imaginaire.

Un bruit. On frappe.

BLANCHE. C'est qui ?

FRANCK. Les parents ?

HELOISE. Ça vient de l'extérieur.

ÉMIE. Planquons-nous ! C'est le père noël !

FRANCK. (Il chante).
http://www.deezer.com/track/291270

FIN.

Contenu

AU SUJET DE L'AUTEUR

Claude COGNARD est né à Feurs près de St Etienne en 1953. Jeune, il se passionne pour l'écriture. Son intérêt pour la langue de Shakespeare le conduit à quitter la France pour Brighton. De formation traducteur, il passe les Diplômes de Cambridge et de la "Royal Society of Arts". Diplôme d'Honneur Centre International des Arts et Lettres.
Sociétaire de la Société des Gens de Lettres, sociétaire de la Sofia, membre de la SACD.
Il est auteur de nombreux romans.
il écrit pour le théâtre..

Sensible à l'injustice et à la violence, fort de ses 5000 amis Facebookiens, il se spécialise dans l'écriture sur la Perversion Narcissique, et contre l'injustice et la violence faites aux femmes.

www.ingramcontent.com/pod-product-compliance
Lightning Source LLC
Chambersburg PA
CBHW051826170526
45167CB00005B/2178